Eine perrrfekte Zeit

A Purrrfect Time (German Translation)

Written by Sam Miller

The Purrrfect Time was written originally in English
and translated into the following languages:
Thai, Vietnamese, Tagalog, German, Spanish, Portuguese,
Mandarin, Bengali, French, Hindi.

Copyright © 2021 by Samuel Miller

All rights reserved. No part of this publication may be reproduced, stored in a retrieval system, or transmitted, in any form or by any means, electronic, mechanical, photocopying, recording, or otherwise, without the written prior permission of the publisher.

ISBN 9781777303853

Book design by Hiroki Nakaji

Printed and bound with IngramSpark

Armed Bandit Publishing

Ich lernte Sam kennen, als ich noch ein kleines Kätzchen war. Damals war sein Leben noch einfacherer, denn er hatte noch beide Arme. Eines Tages verlor Sam einen seiner Arme bei einem Unfall, jedoch verlor er nicht sein Lächeln! Diese Geschichte ist eine Erinnerung sich auf das zu fokussieren, was dich glücklich macht, und niemals aufzugeben.

Begleite mich auf meinen Rückblick auf einige Momente meines Lebens.

Mein Name ist Bob (die weibliche Katze) und ich werde diese Geschichte erzählen.

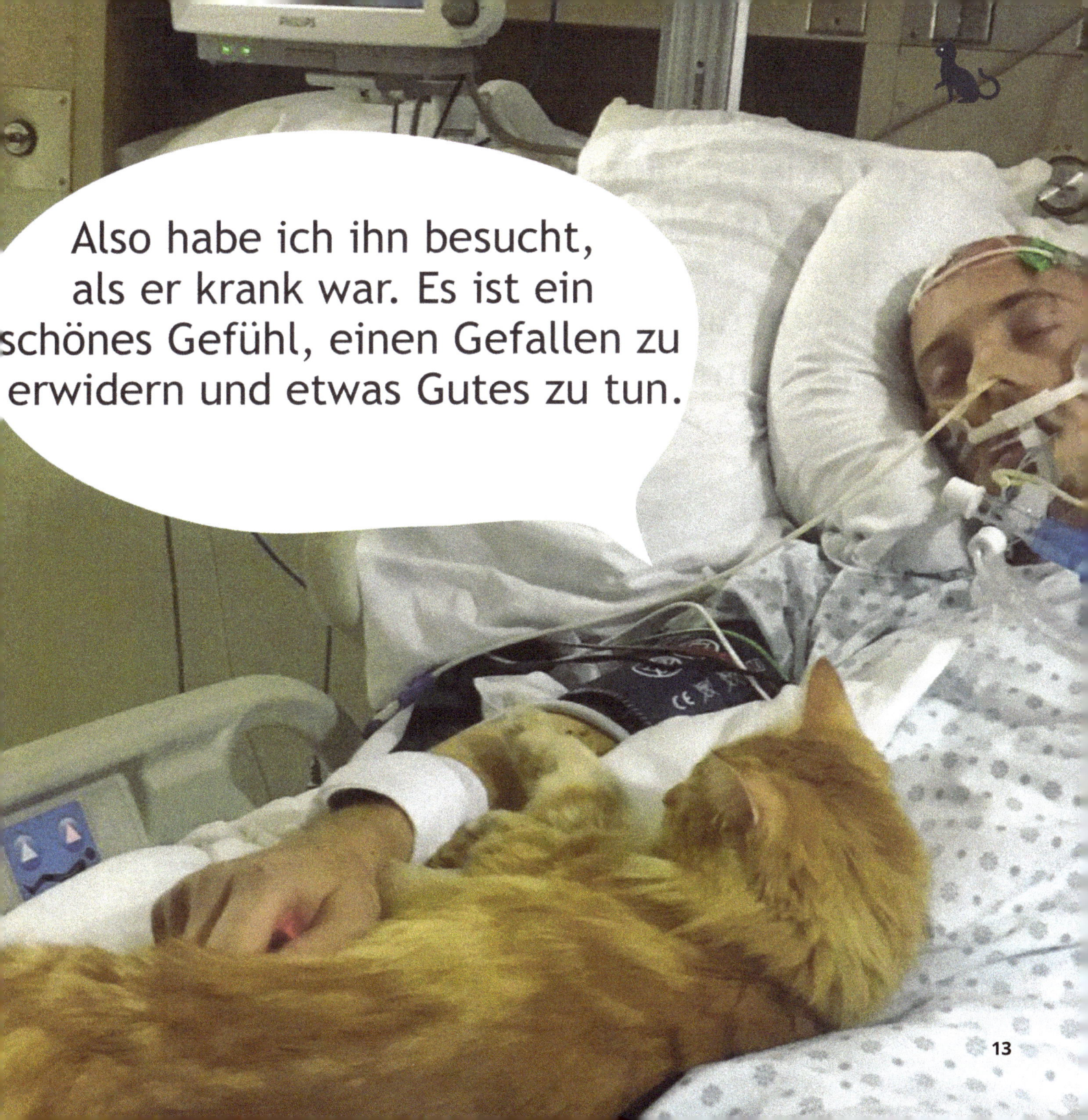

Sam hat neulich mit einem Freund telefoniert und ich hörte wie er sagte:

Manchmal, wenn ich mit jemanden rede, höre ich nicht zu, weil ich darüber nachdenke, was ich sagen soll. Die Menschen wollen gehört werden und wissen, dass man zuhört. Ich habe begriffen, dass es sehr wichtig ist, sich darauf zu konzentrieren was sie dir mitzuteilen haben, so dass sie auch Interesse haben für das, was du zu sagen hast.

Wenn die Dinge schlecht stehen und ich anfange zu kämpfen oder vor einer Herausforderung stehe, erfahre ich viel über mich selbst und meine Freunde. Ich habe gelernt, Herausforderungen und Misserfolge anzunehmen und nötigenfalls um Hilfe zu ersuchen.

Sam hat recht. Ich glaube deswegen sind er und ich so gute Freunde!

Hast du  auf jedem Foto gefunden?

Sam: Dieses Buch begann als ein Hobby von mir. Es bot mir eine Gelegenheit, mich von den Problemen, mit denen ich in meinem Leben konfrontiert war, abzulenken. Es stellte sich heraus, dass es die Therapie war, die ich brauchte. Es hat mich viele über mich selbst gelehrt als auch wie man Herausforderungen und schwierigen Situationen begegnet.

Lange Zeit habe ich gedacht zu wissen, worum es im Leben geht und was am wichtigsten ist. Ich lag überaus falsch. Als ich mit neuen Herausforderungen konfrontiert wurde und diese meisterte, fing ich an zu begreifen, was für mich wichtig ist. Daraufhin war ich in der Lage, eine vernünftige Entscheidung über das zu treffen, was mich wirklich glücklich machen würde. Es ist keine Schande zu scheitern und es erneut zu versuchen. Es sind meistens die entschlossenen Menschen, die bekommen, wonach sie streben. Man muss durchhalten!

Ausmalbilder

www.ingramcontent.com/pod-product-compliance
Lightning Source LLC
Chambersburg PA
CBHW051300110526
44589CB00025B/2898